BEI GRIN MACHT SICH
WISSEN BEZAHLT

- Wir veröffentlichen Ihre Hausarbeit,
  Bachelor- und Masterarbeit

- Ihr eigenes eBook und Buch -
  weltweit in allen wichtigen Shops

- Verdienen Sie an jedem Verkauf

Jetzt bei www.GRIN.com hochladen
und kostenlos publizieren

Bibliografische Information der Deutschen Nationalbibliothek:

Die Deutsche Bibliothek verzeichnet diese Publikation in der Deutschen National-bibliografie; detaillierte bibliografische Daten sind im Internet über http://dnb.d-nb.de/ abrufbar.

Impressum:

Copyright © 2014 GRIN Verlag, Open Publishing GmbH
Druck und Bindung: Books on Demand GmbH, Norderstedt Germany
ISBN: 9783656866893

Dieses Buch bei GRIN:

http://www.grin.com/de/e-book/286412/mobile-payment-verfahren-und-akzeptanz-in-deutschland-und-im-weltweiten

Fabian Herreiner

Mobile Payment. Verfahren und Akzeptanz in Deutschland und im weltweiten Vergleich

GRIN Verlag

GRIN - Your knowledge has value

Der GRIN Verlag publiziert seit 1998 wissenschaftliche Arbeiten von Studenten, Hochschullehrern und anderen Akademikern als eBook und gedrucktes Buch. Die Verlagswebsite www.grin.com ist die ideale Plattform zur Veröffentlichung von Hausarbeiten, Abschlussarbeiten, wissenschaftlichen Aufsätzen, Dissertationen und Fachbüchern.

Besuchen Sie uns im Internet:

http://www.grin.com/

http://www.facebook.com/grincom

http://www.twitter.com/grin_com

Katholische Universität Eichstätt-Ingolstadt

Wirtschaftswissenschaftliche Fakultät

Lehrstuhl für ABWL und Wirtschaftsinformatik

Mobile Payment

Verfahren und Akzeptanz in Deutschland und im weltweiten Vergleich

– Proseminararbeit –

Vor- und Zuname:	Fabian Herreiner
Abgabetermin:	04.06.2014

Inhaltsverzeichnis

Abbildungsverzeichnis

Abkürzungsverzeichnis

BDSG	Bundesdatenschutzgesetz
EC	Electronic Cash
FeliCa	Felicity Card
M-Payment	Mobile Payment
MP	Mobile Payment
NFC	Near Field Communication
PIN	Persönliche Identifikationsnummer
POS	Point of Sale
QR-Code	Quick-Response-Code
RFID	Radio-frequency-identification
SD-Karte	Secure Digital Memory Card
SIM	Subscriber identity module
SMS	Short Message Service
STK	SIM Application Toolkit
URL	Uniform Resource Locator
USSD	Unstructured Supplementary Service Data
WAP	Wireless Application Protocol

1   Einleitung und Aufbau der Arbeit

Der Gedanke, die Mobilfunktechnologie als Zahlungsmittel zu nutzen, ist bereits seit mehre-ren Jahren nicht nur in Deutschland, sondern weltweit fester Bestandteil von Forschung und Entwicklung. Umso verblüffender ist die Tatsache, dass sich in Europa bislang noch kein Verfahren eindeutig durchsetzen konnte und die Entwicklung des Marktes für diese Art der Finanztransaktion noch immer weit hinter den Erwartungen und Prognosen zurückliegt. Hauptgrund dafür ist das Problem, Verbraucher und Händler gleichermaßen von den Vortei-len von Mobile Payment allgemein und von einzelnen Anwendungen im Speziellen zu über-zeugen und die Verbreitung somit sicherzustellen. Schon in den frühen Jahren der Forschung zum Thema Mobile Payment, im Folgenden auch als M-Payment bezeichnet, war klar, dass dieses Problem praktisch ausschließlich in einer Kooperation verschiedener Player aus den Reihen der Mobilfunkbetreiber, des Bankenwesens und der Hardwarehersteller gelöst werden kann (vgl. Pousttchi 2005, S. 3). Allerdings versuchen auch zahlreiche Start-Up-Unternehmen in dem Sektor, der ein enormes Marktvolumen verspricht, Fuß zu fassen. Diese Beobachtung ist für einen hoch technisierten Wirtschaftszweig nicht ungewöhnlich. Die zündende Idee, mit der eine Masse von Nutzern überzeugt werden kann, entscheidet über Sieg oder Niederlage. Einige dieser Unternehmen werden später im Zusammenhang mit ihren verwendeten Verfah-ren näher vorgestellt.

Im Hauptteil der Arbeit wird zunächst eine Eingrenzung und Definition des Begriffes Mobile Payment vorgenommen sowie seine Bedeutung für Wirtschaft und Technik näher erläutert. Besonders im Bereich des Mobile Commerce, im weiteren Sinne auch als M-Business be-zeichnet, fällt dem M-Payment eine tragende Rolle zu (vgl. Schulenburg 2008, S. 5). Mobile Commerce ist eine Unterform des Electronic Commerce und beinhaltet entsprechend die „Anbahnung, Aushandlung und/oder Abwicklung von Markttransaktionen auf mobiler elekt-ronischer Basis" (Fritz 2004, S. 30). Als Faustformel könnte man formulieren: „M-Commerce = E-Commerce über mobile Endgeräte und Netze" (Schulenburg 2008, S. 6). Allerdings ver-weist die Autorin mit Blick auf die Ansichten des Fachmannes Bernd Wirtz in diesem Zu-sammenhang darauf, dass eine derartige Kurzdefinition nicht allen Facetten des M-Commerce gerecht werde (vgl. Wirtz 2001, S. 45). Um einen Grundverständnis vom Aufbau und von der Funktionsweise dieses Marktes zu bekommen, ist sie jedoch geeignet.

Auch die historische Entwicklung und die möglichen Anwendungsbereiche werden im ersten Teil der Arbeit behandelt. Anschließend folgt der Kern der Ausführungen: Die Betrachtung der Akzeptanz und der Vergleich verschiedener Varianten dieser Bezahlmethode hinsichtlich ihrer Umsetzung, sowie die Vorstellung und der Vergleich mehrerer Mobile Payment-Anwendungen, die in den verschiedenen Märkten etabliert werden konnten. Namentlich sind das: Google Wallet, die Starbucks App, Square und M-Pesa. Diese Verfahren werden dann hinsichtlich ihrer technischen Umsetzung, dem detaillierten Ablauf des Abrechnungsprozes-ses, sowie ihrer Akzeptanz bzw. Verbreitung und Nutzung miteinander verglichen. Auch mögliche Kritikpunkte an den Verfahren werden thematisiert, bevor sich im Schlussteil ein Fazit über die betrachtete Entwicklung des M-Payment Marktes anschließt.

2 Das Konzept Mobile Payment

Zu Beginn der eigentlichen Arbeit steht die Frage nach der Definition von Mobile Payment im Raum. Im Folgenden soll diese Frage geklärt werden, obwohl die stetige Veränderung in diesem Sektor der Bezahlsysteme die Eingrenzung erschwert.

2.1 Definition

Voraussetzung für eine fundierte Diskussion und eine eingehende Thematisierung der Fragestellung ist ein einheitliches Begriffsverständnis. „Das Geschäftsfeld „Mobile Payment" ist nicht so einfach einzugrenzen und zu definieren" (Lerner 2013, S. 6). Dr. Key Pousttchi, der seit Jahren als absoluter Experte auf dem Gebiet des M-Payment gilt, definiert den Begriff folgendermaßen: Mobile Payment bezeichnet „diejenige Art der Abwicklung von Bezahlvorgängen, bei der im Rahmen eines elektronischen Verfahrens mindestens der Zahlungspflichtige mobile Kommunikationstechniken (in Verbindung mit mobilen Endgeräten) für Initiierung, Autorisierung oder Realisierung der Zahlung einsetzt" (Pousttchi 2005, S. 21). Mobile Payment kann und soll andere Zahlungsträger wie beispielsweise Bargeld, Giralgeld oder elektronisches Geld, das möglicherweise als Guthaben auf einer Karte hinterlegt sein kann, ersetzen (vgl. Leschik 2012, S. 24).

Ein weiterer Begriff, der dem Mobile Payment sehr ähnlich ist, ist das Mobile Billing. Als solches bezeichnet man ausschließlich „die Abrechnung von Telekommunikationsdienstleistungen - sowohl Sprach- als auch Datendiensten - durch Mobilfunkanbieter im Rahmen einer bestehenden Abrechnungsbeziehung" (Schulenburg 2008, S. 75f.). Die nachfolgende Grafik soll den Zusammenhang nochmals verdeutlichen:

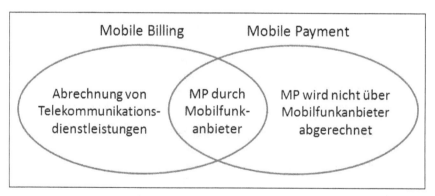

Abbildung 1: Schnittmenge zwischen Mobile Billing und Mobile Payment
Quelle: Pousttchi 2005, S. 22

Im Zusammenhang mit der Definition des Mobile Payment-Begriffes werden in der Regel auch bereits die Unterarten Micro- und Macropayment unterschieden (vgl. Pousttchi 2005, S. 22 f.). Diese beiden Kategorien richten sich, wie der Name schon vermuten lässt, nach der Höhe der getätigten Zahlung. „Die Grenze zwischen den beiden Gruppen ist nicht einheitlich festgelegt" (Pousttchi 2005, S. 22). Es kann allerdings davon ausgegangen werden, dass sie zwischen 5 € und 15 € liegt (vgl. Pousttchi 2005, S. 22 f.).

2.2   Strategische Bedeutung

„Das Mobiltelefon/Smartphone als Alltagswerkzeug des Menschen ist für die Zahlungsfunktion für Milliarden Menschen eine wesentliche Erleichterung und damit ein Schritt in die nächste Zukunft." (Lerner 2013, S. 2) Dieses Zitat des Autors Thomas Lerner, der sich seit vielen Jahren mit dem Thema Mobile Payment beschäftigt, beschreibt die Relevanz dieses Fachbereiches. Die hohe Verbreitung von Smartphones begünstigt das Bezahlverfahren noch zusätzlich. Während in den Entwicklungsländern und in Asien bereits seit mehreren Jahren erfolgreich mobil bezahlt wird, hinken die Industrienationen und Lateinamerika noch hinterher (vgl. Lerner 2013, S. 15). Eine Grafik der 2010 aktiven Mobile Payment Anwendungen in absoluten Zahlen im globalen Vergleich verdeutlicht das.

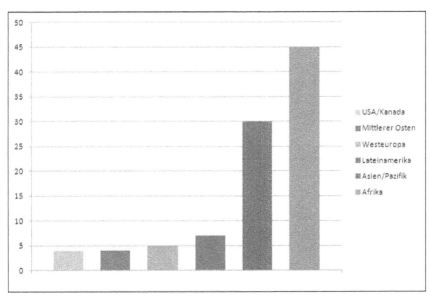

Abbildung 2:   Aktive Mobile Payment-Services im weltweiten Vergleich
Quelle: GSMA 2010: „GSMA - Mobile Money and Wireless Intelligence" zit. nach Lerner 2013, S. 15

Auch Dr. Feyyat Kaymaz, der als Experte auf dem Gebiet der Sicherheit in Mobile Payment-Prozessen gilt, ist der Meinung, „dass die Nachfrage nach den Einkaufs- und Bezahlmöglichkeiten mit den Mobilfunkgeräten bedeutsam steigen wird" (Kaymaz 2011, S. 12).

„Die Märkte lassen sich letztlich in vier Bereiche untergliedern: In Entwicklungsländer, Asien, Amerika sowie Europa/Deutschland" (Lerner 2013, S. 7). Diese Aufteilung wird später für den detaillierteren Vergleich der verschiedenen Verfahren noch wichtig sein.

Betrachtet man zunächst den europäischen Markt, fällt auf, dass Bargeld nach wie vor das dominierende Zahlungsmittel ist (vgl. Lerner 2013, S. 22). Daraus wird deutlich, dass die Barzahlung gerade im Bereich der Micro- und Macropayments der schärfste Konkurrent des Konzepts Mobile Payment ist.

Bei den Schätzungen zum gesamten Marktvolumen gehen die Expertenmeinungen weit auseinander. Die Unternehmensberatung Juniper Research geht beispielsweise für das Jahr 2015 davon aus, dass die aggregierte Summe der Transaktionen bei 670 Mrd. US$ (Wilcox 2011) liegen wird, wohingegen die Prognose der Yankee Group für 2015 bei insgesamt 1000 Mrd. US$ (Yankee Group 2011) liegt. „Diese Prognosedifferenzen verdeutlichen, dass grundsätzlich sämtlichen Voraussagen für einen in der Entwicklung befindlichen, dynamischen Markt mit großer Vorsicht zu begegnen ist" (Jacke 2014, S. 29). Dass es sich hier um einen Marktbereich mit extrem hohem Potential handelt, zeigen sie aber auf jeden Fall.

2.3 Historische Entwicklung

Bereits in den Jahren um die Jahrtausendwende war die einhellige Meinung, die sich in den Marktprognosen widerspiegelte, klar: Innerhalb der nächsten fünf Jahre würde Mobile Payment fester Bestandteil der üblicherweise verwendeten monetären Transaktionsmethoden sein (vgl. Pousttchi 2005, S. 1). „2002 wurde Mobile Payment schon einmal als das nächste große Thema angekündigt" (Lerner 2013, S. 1). Aus heutiger Sicht lässt sich allerdings feststellen, dass sämtliche Prognosen und Ankündigungen von der Realität eingeholt wurden.

Um die Branche und die dazugehörigen Verfahren zu verstehen, ist auch ein Blick zurück auf die Vorgänger des mobilen Bezahlens nötig. Als unmittelbarer Wegbereiter für Mobile Payment können die sogenannten kontaktlosen Smartcards gesehen werden. Diese sind letztlich eine Weiterentwicklung der regulären Smartcards oder auch Chipkarten, die wir beinahe täglich in Form von Debitkarten oder EC-Karten verwenden. Das sind „kontaktbehaftete Plastikkarten mit eigenem Prozessor und Magnetstreifen" (ITWissen), die zur Datenspeicherung und -übertragung genutzt werden (vgl. ITWissen). Kontaktlose Smartcards etablierten sich schnell nach ihrer Einführung im Jahre 1997. Die verwendete Technik FeliCa, was die Kurzform von Felicity Card ist, wurde durch Sony und NXP-Semiconductor weiterentwickelt und bildete so die Grundlage für die Near Field Communication Technologie, kurz NFC, die ab 2004 in Handys und Smartphones integriert wurde (vgl. Lerner 2013, S. 6). Dies bildet die Grundlage für sehr viele Mobile Payment Anwendungen. Ausführlicher wird dieses Thema in Punkt 3.1 behandelt. „Der Siegeszug der mobilen Technologien startete 1992, ausgelöst durch die erste

SMS (Short Message Service) von Nokia" (Lerner 2013, S. 6). Diese Technologie wurde zum Teil schon in der Anfangsphase des Mobile Commerce als Zahlungsmethode verwendet (vgl. Pousttchi 2005, S. 3). Beispiel hierfür wären Newsletter per SMS, die gegen eine gewisse Gebühr abonniert werden konnten (vgl. Pousttchi 2005, S. 9). Die zweite wegweisende Entwicklung, die dem Mobile Commerce den Weg geebnet hat, war die Einführung des WAP-Protokolls, das 1997 die Grundlagen für das mobile Internet, wie wir es heute kennen, schuf (vgl. Lerner 2013, S. 6; Gabler Wirtschaftslexikon).

2.4 Grundsätzliche Akzeptanz im globalen Vergleich

Im Zusammenhang mit dem Thema Mobile Payment ist es eine interessante Frage, wie hoch der Verbreitungsgrad beziehungsweise die allgemeine Akzeptanz für eine derartige Zahlungsform im weltweiten Vergleich ist.

Insgesamt lässt sich jedenfalls sagen, dass ein klarer Trend hin zum Mobile Payment erkennbar ist, wobei vor allem von der jüngeren Generation eine intensive Nutzung dieser Technologie erwartet wird (vgl. Lerner 2013, S. 22 f.). Die nachfolgende Grafik soll zeigen, dass diese Aussage ihre Gültigkeit nicht nur im Blick auf den deutschen Markt behält.

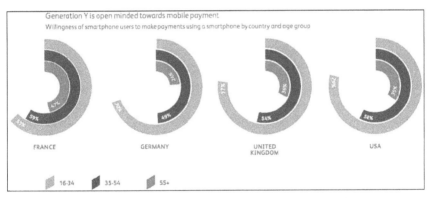

Abbildung 3: Offenheit der Kunden für Mobile Payment im Ländervergleich
Quelle: Jacke 2013, S. 30

Aus dieser Abbildung „wird offensichtlich, dass in Deutschland die Offenheit der älteren Kundengruppen bzgl. Mobile Payment im Vergleich zu den anderen Ländern deutlich geringer ist" (Jacke, 2013 S. 30). Insgesamt lässt sich festhalten, dass sich die Akzeptanz im Vergleich zu den drei anderen Nationen allgemein noch auf einem relativ niedrigen Niveau befindet. Zwar ist die Zustimmung unter den 16- bis 34-jährigen höher als in Frankreich, aber dort können sich die älteren Teile der Bevölkerung besser mit der Idee anfreunden, mit dem Mobiltelefon zu bezahlen. Im Vergleich mit den USA und Großbritannien sind die Werte, die für Deutschland ermittelt wurden, in allen drei Kategorien niedriger. Allerdings halten es gemäß einer Verbraucherumfrage des Internet-Auktionshauses Ebay über 50% der Deutschen für möglich, dass Bargeld in 10 Jahren kaum noch eine Rolle spielt, was bedeuten würde, dass sich Mobile Payment auf dem Vormarsch befindet (vgl. Ebay 2012).

Die Kreditkartengesellschaft MasterCard hat im Rahmen ihrer „Mobile Payments Study 2014" rund 13 Millionen Kommentare zu diesem Thema in sozialen Medien ausgewertet und kommt zu dem Ergebnis, dass weltweit die Akzeptanz für die Technologie wächst (vgl. MasterCard 2014). Die Studie zeigt, dass auch die Einzelhändler dem Thema mit 88% Zustimmung größtenteils positiv gegenüberstehen. Während 2012 bei den Verbrauchern noch Verwirrung hinsichtlich der Vorteile und der Einsatzmöglichkeiten der Mobile Payment Methoden herrschten, steht im Jahr 2013 die Frage nach dem geeigneten Verfahren im Mittelpunkt (vgl. MasterCard 2014). Die Tendenz geht also auch dieser Studie zufolge hin zu Mobile Payment und die Akteure auf dem Markt können einer möglicherweise erfolgreichen Zukunft entgegenblicken.

Letztendlich bleibt die Frage, warum Deutschland selbst im Vergleich mit strukturell und wirtschaftlich relativ ähnlichen Volkswirtschaften, in denen sich die Verbreitung von mobilen Endgeräten und anderen wichtigen Technologien für diesen Bereich auf äquivalentem Niveau bewegt, hinsichtlich der Aufgeschlossenheit für dieses neuartige Zahlungsverfahren noch deutlich zurückliegt (vgl. Leschik, S. 114).

2.5 Sicherheit beim Mobile Payment

Nur durch ausreichende Sicherheit innerhalb des Bezahlprozesses kann die Zustimmung und das Vertrauen der Nutzer gewonnen werden. Entsprechend große Aufmerksamkeit muss diesem Aspekt bei der Entwicklung von Mobile Payment-Anwendungen geschenkt werden. „In einer vernetzten und komplexen Digitalwelt werden immer mehr Daten und Informationen ausgetauscht. Diese Entwicklung wirft neue Fragen zur Sicherheit, Privatsphäre und Anonymität der Nutzung mobiler Services auf. Bei jeder Transaktion hinterlassen mobile User bewusst oder unbewusst eine große Menge von Datenspuren" (Kaymaz 2011, S. 1). Dadurch besteht die Möglichkeit, diese Daten zu sammeln, auszuwerten und zusammenzufassen und damit personalisierte oder auch allgemeine Nutzerprofile zu generieren, die dann eventuell die Grundlage für Betrug, Manipulation und Missbrauch bilden können (vgl. Kaymaz 2011, S. 2). Dadurch rücken die Forderung nach Anonymität der Nutzer und allgemein die Sicherheitsanforderungen an mobile Anwendungen in den Vordergrund (vgl. Kaymaz 2011, S. 2). Der eben bereits zitierte Sicherheitsexperte Dr. Feyyat Kaymaz weist in seinen Ausführungen jedoch gleichzeitig darauf hin, dass Anonymität der User auch Nachteile mit sich bringt. So könne die Anonymität beispielsweise auch missbraucht werden und möglicherweise Schutz für kriminelle Machenschaften bieten (vgl. Kaymaz 2011, S. 111). Rechtlich ist der Aspekt des Datenschutzes innerhalb des elektronischen Datenaustausches in Deutschland im sogenannten Recht auf informationelle Selbstbestimmung verankert, das aus dem allgemeinen Persönlichkeitsrecht (Art. 2 Abs. 1 GG i.V.m. Art 1. GG) abgeleitet wird. Außerdem existieren Mindeststandards für die EU-Mitglieder, die durch das Europäische Parlament und den

Europäischen Rat bestimmt wurden. Die User-Anonymität ist darüber hinaus im Bundesdatenschutzgesetz (BDSG) und den Landesdatenschutzgesetzen geregelt (vgl. Kaymaz 2011, S. 141 f.)

Neben der Anonymität der Nutzer ist aber auch der Aspekt der Datenübertragungssicherheit von höchster Relevanz, da Mobile Payment vor allem auch den Austausch von zahlungsbezogenen Daten beinhaltet, zu denen Dritte keinen Zugang haben sollten (vgl. Leschik 2012, S. 57). Die elektronischen Daten durchlaufen bei der Übertragung in der Regel „viele Knotenpunkte, an denen sie problemlos abgefangen, eingesehen und manipuliert werden" könnten (Kretschmar 2005, S. 2). Diese Komplexität erfordert entsprechende Vorsicht und Sicherheit beim Umgang mit diesen Daten. Dafür geeignet sind sogenannte algorithmische Verschlüsselungsverfahren wie die asymmetrische oder die symmetrische Verschlüsselung, mit deren Hilfe die Nachricht so gesichert werden kann, dass sie zwar noch abgefangen, aber nicht mehr gelesen werden kann (vgl. Kretschmar 2005, S. 2). Dies erhöht die Datensicherheit der höchst sensiblen Zahlungsinformationen.

Ergänzend dazu wurde auch noch eine hardwareseitige Absicherung eingeführt, das Secure Element, was von Herstellerseite zunächst nicht vorgesehen war (vgl. Langer/Roland 2010, S. 155). Zweck des Secure Element ist es, „eine sichere Umgebung zum Speichern und Ausführen von sicherheitskritischen Daten und Applikationen" zur Verfügung zu stellen (Langer/Roland 2012, S. 155). Laut Langer und Roland lassen sich drei Arten, ein solches Sicherheitselement in die Mobiltelefonarchitektur zu integrieren, unterscheiden. Zum einen als Software ohne spezielle Hardware, zum anderen als fest im Mobiltelefon integrierte Hardware oder alternativ als austauschbare Hardware, wie z.B. eine SD-Karte. Durch den sicheren Speicherort „ist es möglich Schaden durch Dritte abzuwehren und zu verhindern" (Hollstein 2013, S. 46).

Trotz dieser technischen Sicherheitsmaßnahmen bleibt jedoch das Verlustrisiko bestehen. Deswegen muss auch für den Fall, dass das Smartphone abhandenkommt, Vorsorge getragen werden. Viele Mobile Payment-Anwendungen sind darum zusätzlich zu Geräte- und Bildschirmsperren noch durch eine eigene Schutzfunktion gesichert, wie beispielsweise eine PIN als individuelle Identifikationsmöglichkeit (vgl. Hollstein 2013, S. 51).

3 Verschiedene Varianten von Mobile Payment

Im Folgenden sollen einige wichtige Möglichkeiten von Mobile Payment-Anwendungen hinsichtlich ihrer grundlegenden Funktionsweise untersucht und erläutert werden. Einige Alternativen wurden in den ersten Kapiteln bereits thematisiert und benannt. Neben der in Abschnitt 2.2 bereits genannten Kategorisierung nach Micro- und Macropayment ist es ebenfalls möglich, verschiedene Mobile Payment-Konzepte nach dem Ort der Transaktion zu unterscheiden. Je nachdem, ob die Bezahlung auf kurze Distanz und in der Regel im Beisein eines Händlers oder nicht direkt beim Händler, beispielsweise per SMS, getätigt wird, lassen sich die Varianten in Proximity Payment und Remote Mobile Payment gliedern (vgl. Langer/Roland 2010, S. 206). Die im Folgenden ausführlich beschriebenen drei Varianten können alle in den Bereich des Proximity Payments eingeordnet werden.

3.1 Near Field Communication

Near Field Communication ist eine Methode des kontaktlosen Datenaustausches (vgl. Hollstein 2013, S. 6). Die damit getätigten Zahlungen gehören somit zum Segment der „Nahzahlungen/Proximity-Payments", was Marktforschern zufolge im Jahr 2015 der größte Markt im Bereich Mobile Payment europa- und weltweit sein soll (vgl. Lerner 2013, S. 17).

Die technische Grundlage für NFC bildet die Radio-Frequency-Identification (RFID)-Technologie (vgl. Hollstein 2013, S. 4). Hierbei handelt es sich um ein Auto-ID-System, was für automatische Identifikation steht (vgl. Finkezeller 2012 S. 2; Hollstein 2013, S. 4). Solche Systeme werden, wie der Name schon vermuten lässt, zur Identifikation und Datenerfassung verwendet (vgl. Kern 2007, S. 12 ff.). Weitere Beispiele für Auto-ID-Systeme wären Barcode- oder Strichcode-Systeme, Chipkarten, Fingerabdrucksysteme oder auch biometrische Verfahren (vgl. Finkenzeller 2012, S. 1ff.). „1945 wurde RFID für die Radarerkennung im 2. Weltkrieg erstmals genutzt" (Lerner 2013, S. 6). Diese Technologie hat demnach bereits eine lange Geschichte. Für Near Field Communication kommt sie seit deren Entwicklung 2002 zum Einsatz (vgl. Langer 2010, S. 4). Der kontaktlose Datenaustauch bei NFC ist über eine maximale Distanz von 10 cm möglich (vgl. Langer 2010, S. 38).

Die Nutzbarkeit von Near Field Communication geht aber über den Mobile Payment Markt weit hinaus. Authentifizierung, Datentransfer und sogar das Aufschließen von Autos oder Häusern sind mit dieser Technologie umsetzbar (vgl. Lerner 2013, S. 52). Im Mobile Payment jedoch wird diese Technik in erster Linie für Zahlungen am Point of Sale (kurz: POS) genutzt (vgl. Lerner 2013, S. 49). Namhaftes Beispiel für eine derartige Methode ist die „elektronische Geldbörse" Google Wallet (vgl. Lerner 2013, S. 106). Nötig für das Bezahlen mit NFC ist ein Terminal oder alternativ ein ebenfalls NFC fähiges Endgerät, das auf Händlerseite vorhanden sein muss, um die Transaktion im IT-System entgegen nehmen zu können (vgl. Lerner 2013, S. 48 f.). Der Nutzer muss die entsprechende NFC Applikation auf seinem Smartphone aufrufen und sich authentifizieren. Im Anschluss muss das Mobile Endgerät an das Lesegerät des Händlers gehalten werden und die Zahlung erfolgt. Dank der NFC-Technik ist hierfür keine Netzwerkverbindung notwendig (vgl. Lerner 2013, S. 106). 2012 belief sich die Zahl der NFC-fähigen Lesegeräte in den USA schon auf über 200.000, Tendenz dank sinkender Komponentenkosten und immer mehr den technischen Voraussetzungen entsprechender Endgeräte steigend (vgl. Funk 2012). Near Field Communication lässt sich sowohl mit einem Mobiltelefon als auch mit einer Smartcard realisieren (vgl. Lerner 2013, S. 19).

3.2 Kartenbasiertes Bezahlen

Neben der Möglichkeit, mit einer NFC-fähigen Smartcard zu bezahlen, was wie in Abschnitt 2.3 beschrieben als Vorgänger für das mobile Bezahlen gesehen werden kann, ist die Bezahlung mit Karten auch in anderer Hinsicht im Mobile Payment relevant. Beispielsweise besteht die Möglichkeit, neuere Smartphones mit einer Kartenleseeinheit auszustatten, mit der dann mobil Kreditkartenzahlungen entgegengenommen werden können (vgl. Kremp 2012). Dies kann als Variante des Mobile Payment angesehen werden, da in diesem Fall auch einer der beiden Transaktionspartner die Abwicklung mittels eines mobilen Endgerätes vornimmt (vgl. Pousttchi 2005, S.21). Das Mobiltelefon wird quasi zur Kasse erweitert (vgl. Jacke 2014, S. 25). Diese Möglichkeit findet vor allem dort Anwendung, wo Mobilität von großer Wichtigkeit ist und sich die Anschaffung eines teuren Kartenlesegeräts nicht lohnen würde, wie beispielsweise bei Pizzaboten oder Imbissbetreibern. Die Vorteile liegen in erster Linie in den niedrigeren Kosten (vgl. Kremp 2012).

Beispiele für solche Angebote sind die Anbieter Sumup, Payeleven oder Streetpay. Sie alle verfolgen das Konzept, für jede Transaktion eine Beteiligung zu verlangen. Damit sind sie jedoch immer noch eine günstigere Alternative zu herkömmlichen mobilen EC- und Kreditkartenterminals (vgl. Kremp 2012). Die Zahlungsabwicklung selbst erfolgt über eine spezielle App, die auf dem Smartphone oder dem Tablet installiert sein muss. Bezüglich der Hardware ist lediglich ein Kartenlesegerät nötig, das auf den Kopfhöreranschluss des mobilen Endgerätes aufgesteckt wird und das die Anbieter den Kunden nach Registrierung und Verifizierung kostenlos zuschicken (vgl. Kremp 2012).

3.3 Code Scanning

Eine weitere gängige Methode im Bereich des Mobile Payment ist das Code-basierte Verfahren, das mittels sogenannter Barcodes/Strichcodes oder QR-Codes (Quick-Response-Code) realisiert wird. QR-Codes sind dabei zweidimensionale Barcodes, mit deren Hilfe ein physikalisches Objekt mit einer URL verbunden werden kann (vgl. Lerner 2013, S.47). „Zum Scannen eines QR-Codes wird ein Java-fähiges Mobiltelefon oder Smartphone mit eingebauter Kamera benötigt" (Lerner 2013, S. 47). Durch die hohe Verbreitung von derartigen Geräten ist diese Voraussetzung in der Regel allerdings unproblematisch. „Der Barcode wird mit der Kamera fotografiert. Ein spezielles Programm, z.B. eine Lesesoftware für Android- oder iPhone-basierte mobile Endgeräte, analysiert und decodiert die schwarz-weiße Rastergrafik und wandelt dabei beispielsweise die verborgene Telefonnummer, Kurznachricht, einen Link (URL), Text oder Visitenkarte (vCard) mit Name, Telefonnummer und E-Mail-Adresse in ein lesbares Klarbild um" (Lerner 2013, S. 47). Um eine Bezahlung zu tätigen ist an der Kasse nur das Scannen des in der Applikation oder auf dem Kassenbon generierten Codes notwendig und je nach Verfahren auch die Eingabe einer PIN (vgl. qrpay.com). Ein Beispiel für dieses Verfahren wäre die Edeka-App (vgl. Edeka). Außerdem sind bei dem Code-basierten Verfahren Mehrwertinformationen möglich (vgl. Lerner 2013, S. 47). Als Beispiel hierfür kann wieder die Methode, die bei Edeka zum Einsatz kommt herangezogen werden, da man hier automatisch eventuell verfügbare Rabattcoupons einlösen kann (vgl. Edeka).

Größter Kritikpunkt an diesem Verfahren sind die damit einhergehenden Sicherheitsrisiken. Laut Lerner sind derartige Codes „ein idealer ‚Phishing-Köder', denn sie können sehr leicht mit „bösartigen" Textnachrichten oder Webseiten verknüpft sein. Man kennt nicht die Quelle der Anwendung und könnte im schlimmsten Fall zu einer unbekannten Webseite geführt werden oder „Malware" könnte auf dem mobilen Endgerät installiert werden" (Lerner 2013, S. 47). Diesem Risiko kann durch spezielle Verschlüsselungsverfahren vorgebeugt werden. Derartige Sicherheitsmaßnahmen werden unter Anderem bei der Deutschen Bahn oder auch der Deutschen Post eingesetzt (vgl. Lerner 2013, S. 48) und auch Edeka garantiert seinen Kunden eine absolute Sicherheit der Codes (vgl. Edeka).

3.4 Weitere Umsetzungsmöglichkeiten

Neben den bereits genannten drei Möglichkeiten, wie Mobile Payment umgesetzt werden kann, existieren noch weitere. So ist beispielsweise eine Übertragung über den Kurzstreckenfunk-Standard Bluetooth denkbar, genauso wie über das mobile Internet oder klassisch über SMS (vgl. Leschik 2012, S. 45 ff.; Lerner 2013, S. 41 ff.). Für die Variante, bei der die Kurznachricht die Übermittlung übernimmt, wird das Kommunikationsprotokoll USSD (Unstructured Supplementary Service Data) verwendet, das neben der Unterstützung von Mobile Payment-Angeboten auch für reguläre, mobile Kommunikationsdienste, standortbezogene Services oder Reservierungs- und Buchungslösungen herangezogen wird (vgl. Lerner 2013, S. 42). Hier wird eine direkte Verbindung zwischen Sender und Empfänger aufgebaut, wodurch ein unmittelbarer Datenaustausch stattfinden kann. USSD-Mobile-Payment-Anwendungen bieten den großen Vorteil, dass sie nicht von speziellen Betriebssystemen abhängig sind, sondern universell eingesetzt werden können (vgl. Lerner 2013, S. 42). Auf ein derartiges Verfahren wird in Abschnitt 4.4 bei der Beschreibung des Finanzdienstes M-Pesa näher eingegangen.

Allerdings ist mit Blick auf die aktuell aktiven und getesteten Anwendungen erkennbar, dass die Varianten NFC, kartenbasiertes Bezahlen mit Hilfe von Mobiltelefonen und Code Scanning einen hohen Anteil ausmachen und daher als die wichtigsten Umsetzungsformen angesehen werden können.

4 Bereits umgesetzte Mobile Payment-Anwendungen

Neben den grundsätzlichen Formen und Konzepten des Mobile Payments sollen im folgenden Abschnitt aber auch konkrete, bereits umgesetzte Verfahren vorgestellt und bewertet werden.

4.1 Google Wallet

Der Internet-Suchmaschinen-Gigant Google hat den Einstieg in den Mobile Payment-Bereich mit dem Verfahren Google Wallet, das zur Markteinführung den Beinamen „Tap and Pay" bekommen hat, geschafft (vgl. Lerner 2013, S. 105). Der Gedanke hinter dieser Smartphone App ist es, weniger Plastikkarten bei sich tragen zu müssen, da diese alle in der App hinterlegt werden. Die Verifizierung erfolgt durch das Einscannen der Karte (vgl. Google). Damit wird sichergestellt, dass der Benutzer diese Karte auch wirklich besitzt und damit berechtigt ist, an eventuellen Bonusprogrammen teilzunehmen oder Rabatte zu erhalten. Der Dienst ist weltweit verfügbar, allerdings ist es möglich, dass je nach Region nicht alle Funktionen abrufbar sind.

Die Technik, die hinter Google Wallet steht, ist die bereits in 3.1 behandelte Near Field Communication (vgl. Lerner 2013, S. 105). Die Nutzung der Applikation ist für den Verbraucher kostenlos. „Das Gegenstück zu Google Wallet ist Google Checkout, der den Händlern die Akzeptanz und Verarbeitung von Online-Zahlungen ermöglicht" (Lerner 2013, S. 105). Laut Angaben des Anbieters Google, soll Google Checkout jedoch nach und nach von Google Wallet ersetzt werden, indem die Funktionalität in das neuere Verfahren integriert wird.

Für die Nutzung als Zahlungsmittel ist die Registrierung einer Kredit- oder Debitkarte nötig, die dann die Grundlage für Abbuchungen bildet. Alternativ kann auch über die Google Prepaid-Karte Guthaben aufgeladen werden, das dann wiederum ausgegeben werden kann (vgl. Lerner 2013, S. 106).

Die Zahlungsabwicklung ist unkompliziert. Bei Abschluss des Kaufs muss das Smartphone an das NFC-Terminal gehalten werden, damit Google Wallet auf diesem Weg die Daten übertragen kann (vgl. Lerner 2013, S. 106). Auch das Einlösen von Coupons oder Angeboten ist mit Hilfe der App möglich. Hierfür wird entweder auf dem Smartphone ein Barcode generiert, der dann auf dem Display angezeigt und vom Kassenpersonal eingescannt und somit verwendet werden kann, oder der Code wird manuell eingegeben und auf diesem Weg erfasst (vgl. Lerner 2013, S. 106).

Auch der Sicherheitsaspekt, der für Mobile Payment unerlässlich ist, wurde bei dieser Methode berücksichtigt und Google wirbt sogar mit den Sicherheitsstandards von Google Wallet. Es existiere ein dauerhaft aktiver Betrugsscanner, der einen möglichen Betrugsversuch sofort melde. Außerdem sei mit „Google Wallet Fraud Protection" ein weiterer Sicherheitsmechanismus vorhanden, der im schlimmsten Fall den Zugang zu Google Wallet vorübergehend sperren könnte. Auch die notwendige Eingabe einer PIN sorge zusätzlich für eine weitere Hürde, damit nicht jeder, der das Smartphone in die Hände bekommt, auch auf die Bezahlfunktionalität zugreifen kann (vgl. Google).

Die Akzeptanz der Mobile Payment-Anwendung lässt bislang jedoch zu wünschen übrig. Das Unternehmen Google ist sich dessen laut Ariel Bardin, dem Chef des Payments-Bereiches, durchaus bewusst. Dennoch werde man an dem Konzept festhalten und es sogar noch erweitern (vgl. Reardon 2014).

4.2 Starbucks App

Auch die Kaffeehauskette Starbucks hat den Vorteil von Mobile Payment bereits früh erkannt und bietet bereits seit dem Jahr 2011 einen eigenen Service dazu an. Notwendig dafür ist eine Smartphone App, die neben der Informationsfunktion des Unternehmens und der Produkte auch eine sogenannte „Tap-to-pay"-Funktion mit eigener Transaktionsübersicht für den Kunden enthält (vgl. Starbucks). Um die Zahlung zu ermöglichen ist eine Starbucks Card nötig, die als Prepaid-Karte fungiert und jederzeit per Kreditkartenaufladung auch von unterwegs mit ausreichenden Mitteln ausgestattet werden kann (vgl. Lerner 2013, S. 97). Zwar ist die Zahlung mit dieser Karte alleine auch möglich, indem sie ähnlich wie eine EC-Karte für diesen speziellen Zweck verwendet wird, jedoch bildet sie gleichzeitig die Grundlage für die Mobile Payment Variante des Bezahlens bei Starbucks (vgl. Seer, 2012). Gemäß der Themenstellung soll demnach die kartenlose Variante, bei der das Mobiltelefon diese Funktion einnimmt, näher untersucht werden.

Die tatsächliche mobile Bezahlung erfolgt nach Aktivierung der „Touch to pay"-Funktion der App, indem das zuständige Kassenpersonal den dann generierten Barcode einscannt (vgl. Lerner 2013, S. 97). Die Abwicklung läuft also wie in 3.3 beschrieben ab und lässt Parallelen mit der bereits thematisierten Edeka-App erkennen.

Zur Verbreitung lässt sich feststellen, dass die Funktion im Sommer 2012 bereits in ca. 14000 der etwa 17650 Starbucks-Geschäften implementiert war (vgl. Efrati/Gasparro 2012).

Die Vorteile, die sich hieraus ergeben, sind vielfältig. Auf Kundenseite ist vor allem die schnellere Bedienung und die daraus resultierende kürzere Wartezeit an der Kasse relevant, während das Unternehmen Starbucks die so gewonnen Daten auch für eine gezielte Kundenanalyse und eine Verbesserung des Angebots nutzen könnte (vgl. Seer, 2012).

Der Journalist Marcel Seer äußert in seinem 2012 erschienenen Artikel „Starbucks führt Mobile Payment in Deutschland ein" auch einen Kritikpunkt, indem er anmerkt, dass eine M-Payment-Anwendung, die sich auf einzelne Unternehmen beschränkt, nur bedingt sinnvoll ist. Dadurch könnte seiner Meinung nach ein „App-Chaos" auf den Endgeräten entstehen, weil für mehrere Zahlungen in verschiedenen Geschäften auch mehrere Apps nötig wären. Er fordert stattdessen die Einführung einer standardisierten Methode, die universell einsetzbar wäre.

4.3 Square

Betrachtet man die Anwendung, die Starbucks verwendet, muss man in diesem Zusammenhang allerdings auch beachten, dass das Unternehmen 2012 die Bezahlmöglichkeiten nochmals wesentlich erweitert hat. Dafür hat die Kaffeehauskette nur wenige Tage, nachdem der Artikel von Marcel Seer erschienen war, 25 Millionen US$ in den Mobile Payment-Dienst Square investiert, um mit dessen Hilfe die Bezahlfunktionalität zu erweitern (vgl. Efrati/Gasparro 2012). Heute wird neben der bereits vorgestellten Starbucks App auch die Anwendung Square Wallet auf der Webseite des Kaffeeunternehmens angeboten (vgl. Starbucks). Diese Anwendung bildet aber keineswegs eine Konkurrenz zur hauseigenen Smartphone Applikation, sondern eine Ergänzung (vgl. Efrati/Gasparro 2012). Howard Schultz, Starbucks CEO begründet die Entscheidung wie folgt: „Square will "complement" Starbucks' existing payment systems" (Efrati/Gasparro 2012).

Zu den Kernkompetenzen von Square, das von Jack Dorsey, einem Mitbegründer des Sozialen Netzwerks „Twitter", gegründet wurde, gehören vor allem kartenbasierte Mobile Payment-Anwendungen, wie in Abschnitt 3.2 beschrieben (vgl. Efrati/Gasparro 2012). Das Verfahren, das bei Starbucks in Verbindung mit der Applikation Square Wallet eingesetzt wird, basiert jedoch ähnlich wie die hausinterne App auf der Generierung von QR-Codes zur Identifizierung, wie in Abschnitt 3.3 thematisiert (vgl. Starbucks). Auch das Bezahlen per Namensnennung an der Kasse ist möglich und wurde bei der Kaffeehauskette getestet (vgl. Beuth 2012). Der essentielle Unterschied zur Starbucks-App besteht darin, dass die Bezahlung nicht mehr nur nach dem Prepaid-Prinzip funktioniert, sondern dass Square auch Kreditkarten- und Debitkartendaten verarbeiten kann und diese dann die Grundlage für die Zahlung bilden (vgl. Efrati/Gasparro 2012).

Starbucks hat möglicherweise die Problematik, die Marcel Seer in seinem Artikel kritisiert hatte, ebenfalls erkannt und wollte mit der Implementierung von Square Wallet als Mobile Payment-Verfahren eine größere Nutzerfreundlichkeit schaffen. Der Vorteil, der sich ergibt, ist, dass Square, anders als die Starbucks App, nicht nur auf ein Unternehmen beschränkt ist, sondern in mehreren Geschäften verwendet werden kann (vgl. Beuth 2012).

Im Mai 2014 beschloss Square jedoch wegen geringer Nutzerzahlen, die Anwendung Square Wallet einzustellen und durch Square Order zu ersetzen, wobei Square Wallet für die vorhandenen Nutzer noch unterstützt werden soll (vgl. Welch 2014). Die Anwendungen wurden am 12.05.2014 ausgetauscht (vgl. Del Rey 2014). Auf der Starbucks Webseite wird allerdings zum jetzigen Zeitpunkt immer noch die Square Wallet App angeboten (vgl. Starbucks).

Zur Verbreitung von Square lässt sich feststellen, dass neben den Kernmärkten USA und Kanada seit 2013 auch Japan bedient wird (vgl. Davies 2013). Über eine weitere Expansion ist nichts bekannt.

4.4   M-Pesa

„Da sie technologisch anspruchsvolle Verfahren sind, könnte erwartet werden, dass Mobile Payment-Systeme nur unter den in hoch entwickelten Ländern wie Deutschland vorgefundenen Bedingungen gedeihen können" (Leschik 2012, S. 109). Die Erkenntnisse aus Abschnitt 2.2 zeigen jedoch, dass beispielsweise auch in Entwicklungsländern hoher Bedarf und hohes Interesse an derartigen Anwendungen besteht. Ein Beispiel für ein seit mehreren Jahren erfolgreiches Mobile Payment-Verfahren aus Kenia, das auch in Deutschland für Aufsehen sorgt, ist M-Pesa (vgl. Leschik 2012, S. 109). Obwohl es sich hierbei um ein vergleichsweise armes Land handelt, ist dieses Mobile Payment-System dort bereits seit einiger Zeit fester Bestandteil des Alltags (vgl. Leschik 2012, S. 109).

Thomas Lerner beschreibt die Funktionsweise so: „Der Service ermöglicht Nutzern, Geld auf ein Handykonto zu übertragen, Guthaben über USSD-/SMS-Technik auch an fremde Nutzer zu verschicken und schließlich das Guthaben auf dem Mobiltelefon in ‚echtes' Geld umzutauschen" (Lerner 2013, S. 69). Das System wurde vom Vodafone-Tochterunternehmen Safaricon entwickelt, das in Kenia im Bereich Mobilfunk einen Marktanteil von etwa 78% einnimmt, was ein wesentlicher Faktor für den Erfolg des Verfahrens ist (vgl. Lerner 2013, S. 71). Seit 2007 wird das System eingesetzt und es wurde inzwischen so erweitert, dass auch ausländische Transaktionen verarbeitet werden können. Das bedeutet, dass Kenianer, die sich im Ausland aufhalten, trotzdem Finanzgeschäfte über M-Pesa tätigen können (vgl. Lerner 2013, S. 70).

In Kenia kann die nächste Bankfiliale durchaus eine sehr lange Busreise weit entfernt sein, da die Verbreitung im ländlichen Gebiet nur sehr lückenhaft gewährleistet ist. M-Pesa war deshalb eigentlich dafür gedacht, die Bevölkerung zu entlasten und Geld- und Bankgeschäfte zu vereinfachen (vgl. Hughes; Lonie 2007, S. 70). Die Verbreitung wird über sogenannte Agents sichergestellt, die beispielsweise Supermarkt- oder Kioskbetreiber sein können, wobei die Zahlung grundsätzlich über ein gebräuchliches Handy-Prepaid-System ermöglicht wird (vgl. Leschik 2012, S. 110). „Das Guthaben wird zwischen Kunden und Händlern von Telefon zu Telefon gesendet, wodurch Kunden allerlei erdenkliche Waren und Dienstleistungen bargeldlos auf den lokalen Märkten oder in Läden bezahlen können" (Leschik 2012, S. 111).

Die technische Umsetzung basiert zunächst auf der SIM-Karte, die die Funktionalität des Mobilfunkes bei Handys und Smartphones bereitstellte. „Die erforderliche M-Pesa Applikation ist als SIM Application Toolkit (STK) auf der SIM-Karte hinterlegt. Durch die STK-Erweiterung kann M-Pesa mit fast jedem Mobiltelefon benutzt werden" (Leschik 2012, S.111). Die Applikation beinhaltet ein Menü, in dem der Nutzer auswählen kann, ob er Geld transferieren oder abheben möchte (vgl. Leschik 2012, S. 111). Um Geld von Person zu Person zu senden muss im Menü die Option „Send Money" ausgewählt werden und dann die Handynummer des Empfängers sowie die eigene PIN zur Authentifizierung eingegeben werden. Nach Abschluss der Transaktion erhält derjenige, der die Zahlung initiiert hat eine Bestätigungs-SMS (vgl. safaricom). Ein charakteristisches Merkmal vom M-Pesa ist, dass der Zahlungspflichtige für die Kosten aufkommt, wobei die Transaktionsgebühren schwanken können (vgl. Leschik 2012, S. 112).

Neben dem Ursprungsland Kenia ist M-Pesa inzwischen in mehreren Ländern, teilweise unter geändertem Namen, aktiv (vgl. Leschik 2012, S. 111). Beispiele dafür sind Tansania, Ägypten, Lesotho, Mozambique aber auch Indien (vgl. Deutsche Wirtschafts Nachrichten 2014). Laut Medienberichten soll das System bald auch in Europa Einzug halten. Vodafone hat dafür eine E-Geld-Lizenz für Finanzdienstleistungen in Europa erworben und möchte das Verfahren nun in Rumänien und möglicherweise auch in weiteren osteuropäischen Staaten einführen (vgl. Deutsche Wirtschafts Nachrichten 2014). Die weitere Entwicklung diesbezüglich bleibt abzuwarten.

5   Fazit

Zusammenfassend lässt sich feststellen, dass der Begriff Mobile Payment ein weites Feld um-fasst und dementsprechend eine eingehende Behandlung der Fakten, Chancen, Risiken und Probleme einen weitaus größeren Rahmen als diese Arbeit erfordern würde. Dennoch ist die hohe Relevanz sowohl in wirtschaftlicher, als auch in gesellschaftlicher Hinsicht deutlich er-kennbar, was dem Thema eine große Aktualität verleiht. Die in der Einleitung aufgeworfene Frage, warum es in Deutschland kein flächendeckend eingesetztes Mobile Payment-Verfahren gibt, das auch in hohem Maße genutzt wird lässt sich auch nach näherer Behandlung der Thematik nur schwer beantworten. Die bereits angesprochenen Gründe, dass momentan noch kein System aus der Vielfalt der Verfahren heraussticht, das sowohl Händler als auch Kunden überzeugen kann und dass sich die gesellschaftliche Akzeptanz im Durchschnitt nach wie vor auf einem niedrigeren Niveau, verglichen mit anderen Staaten, bewegt, sind nicht von der Hand zu weisen und vermutlich durchaus ausschlaggebend. Es müsste ein Mehrwert für die Nutzer geschaffen werden, der die Vorteile des mobilen Bezahlens gegenüber dem aktuell immer noch beliebtesten Zahlungsmittel, dem Bargeld, herausstellt (vgl. Hollstein 2013, S. 59). Systeme wie das im vorherigen Abschnitt 4.4 beschriebene M-Pesa dürften in Deutsch-land kaum Erfolgschancen haben, da aufgrund des relativ umfassenden Bankenservices wenig Bedarf nach einem mobilen Bankkonto-Ersatz vorhanden ist (vgl. Leschik 2012, S. 113). Auch mit Blick auf die Benutzerfreundlichkeit und das Vertrauen ist noch Verbesserungspo-tential erkennbar, Mehrwerte zu schaffen, die dann wiederum Marktvorteile bewirken könn-ten (vgl. Leschik 2012, S. 138).

Anschließend könnte man festhalten, dass sich der Markt in Zukunft möglicherweise ein Stück weit in Richtung der Global Player, wie beispielsweise Google oder PayPal, verschie-ben wird, die inzwischen ihre Chance wittern, auf dem Mobile Payment-Markt Anteile für sich zu gewinnen. Es ist bereits ein Trend erkennbar, dass mehrere global agierende Großun-ternehmen danach streben, ein international tragfähiges und umsetzbares Mobile Payment-Verfahren zu etablieren (vgl. Leschik 2012, S. 129). Google Wallet könnte eben dieses Ver-fahren sein.

Sebastian Hollstein gibt in seiner Arbeit zum Thema Mobile Payment die Handlungsempfeh-lung, dass das Angebot von Mobile Payment unabhängig vom Kommunikationsweg wesent-lich besser publiziert werden müsse. Kunden müssten am Point of Sale auf die Möglichkeit, mit dem Smartphone oder Tablet zu bezahlen, hingewiesen werden, um eine höhere Nutzung zu erwirken. Bislang sind derartige Werbemaßnahmen kaum bis gar nicht etabliert.

Das Rennen um den Mobile Payment-Markt wird letztendlich wohl dadurch entschieden wer-den, welchem Anbieter es als erstes gelingt, die breite Masse der Bevölkerung für sich zu ge-winnen und seinen Service nicht mehr nur dem technikbegeisterten Teil der Bürger anzubie-ten (vgl. Leschik 2012, S. 138). Wesentlich dafür wird der bereits mehrfach genannte Nutzen für den Verbraucher sein, der dann aber auch für die durchschnittlichen Benutzer erkennbar sein müsste. Dabei spielen die technischen Details eine eher kleinere Rolle, während Sicherheit, Bedienbarkeit und vielseitige Einsetzbarkeit an Bedeutung gewinnen dürften (vgl. Leschik 2012, S. 138).

Der Entwicklung auf diesem Markt ist durchaus Beachtung zu schenken. Sie sollte in den nächsten Jahren mit Spannung verfolgt werden, da das Segment Mobile Payment definitiv noch einige Veränderungen erleben wird.

Literaturverzeichnis

Beuth, P. (2012): Mobile Payment: Bezahlen durch bloße Anwesenheit, http://www.zeit.de/digital/mobil/2012-08/mobile-payment-square-starbucks (Zugriff: 28.05.2014).

Davies, C. (2013): Square mobile payments go live in Japan, http://www.slashgear.com/square-mobile-payments-go-live-in-japan-23283285/ (Zugriff: 29.05.2014).

Del Rey, J. (2014): Square Finally Gives Up on Square Wallet and Bets on New Order-Ahead App, http://recode.net/2014/05/12/square-finally-gives-up-on-square-wallet-and-bets-on-new-order-ahead-app/ (Zugriff: 28.05.2014).

Deutsche Wirtschafts Nachrichten (2014): SMS-Währung M-Pesa kommt nach Europa, http://deutsche-wirtschafts-nachrichten.de/2014/03/31/afrikas-sms-waehrung-m-pesa-kommt-nach-europa/ (Zugriff: 30.05.2014).

Ebay (2012): Verbraucher glauben an eine Revolution der Bezahlung, http://presse.ebay.de/pressrelease/3993 (Zugriff: 21.05.2014).

Edeka: Ohne Bargeld bezahlen und dabei sparen - geht jetzt alles mit der EDEKA-App auf Ihrem Smartphone!, http://www.edeka.de/EDEKA/de/edeka_zentrale/angebote_3/onlineservices/edeka_app/bezahlen_per_handy/mobilepayment.jsp (Zugriff: 21.05.2014).

Efrati, A.; Gasparro, A. (2012): Starbucks Invests in Square: Coffee Chain to Use Start-Up's Mobile-Payments Service, http://online.wsj.com/news/articles/SB10000872396390444423704577575758038981855 94 (Zugriff: 28.05.2014).

Finkenzeller, K. (2012): RFID-Handbuch : Grundlagen und praktische Anwendungen von Transpondern, kontaktlosen Chipkarten und NFC, 6. Aufl., München.

Fritz, W. (2004): Internet-Marketing und Electronic Commerce : Grundlagen - Rahmenbedingungen - Instrumente ; mit Praxisbeispielen, 3. Aufl., Wiesbaden.

Funk, L. (2012): Google Wallet: Zahlung per NFC-Smartphone bald auch in Deutschland?, http://www.androidnext.de/news/google-wallet-nfc-smartphone-deutschland/ (Zugriff: 20.05.2014).

Gabler Wirtschaftslexikon: Wireless Application Protocol (WAP), http://wirtschaftslexikon.gabler.de/Archiv/76258/wireless-application-protocol-wap-v11.html (Zugriff: 19.05.2014).

Google: Google Wallet: Shop in Stores, https://www.google.com/wallet/shop-in-stores/index.html (Zugriff: 20.05.2014).

Hollstein, S. (2013): Chancen und Risiken von Mobile Payment unter Einsatz der NFC-Technologie für Handelsunternehmen auf dem deutschen Handelsmarkt, Berlin.

Hughes, N.; Lonie, S. (2007): M-Pesa: Mobile Money for the „Unbanked" Turning Cellphones into 24.Hour Tellers in Kenya, elektronisch veröffentlicht in: http://www.mitpressjournals.org/doi/abs/10.1162/itgg.2007.2.1-2.63#.U4uPyyiuMnw (Zugriff: 30.05.2014).

ITWissen: Smartcard, http://www.itwissen.info/definition/lexikon/Smartcard-smartcard.html (Zugriff: 02.06.2014).

Jacke, S. (2014): Wettbewerbsvorteile im Mobile Payment Markt, Berlin, elektronisch veröffentlicht in: http://opus4.kobv.de/opus4-hwr/frontdoor/index/index/docId/124 (Zugriff: 12.05.2014).

Kaymaz, F. (2011): User-Anonymität in Mobile Payment Systemen : Ein Referenzprozessmodell zur Gestaltung der User-Anonymität in Mobile Payment Systemen, Kassel.

Kern, C. (2007): Anwendung von RFID-Systemen, 2. Aufl., Berlin u. a..

Kremp, M. (2012): Mobiles Bezahlen: Smartphones werden Kreditkarten-Terminals, http://www.spiegel.de/netzwelt/gadgets/mobile-payment-mit-dem-smartphone-a-851700.html (Zugriff: 23.05.2014).

Kretschmar, S. (2005): Elektronische Zahlungssysteme : Grundlagen, Verbreitung, Akzeptanz, Bewertung, Saarbrücken

Langer, J.; Roland, M. (2010): Anwendungen und Technik von Near Field Communication (NFC), Berlin u. a..

Lerner, T. (2013): Mobile Payment : Technologien, Strategien, Trends und Fallstudien, Wiesbaden.

Leschik, S. (2012): Mobile Payment: Techniken, Umsetzung, Akzeptanz, Baden-Baden.

MasterCard (2014): 13 Million Social Media Conversations Show What Consumers Think about Mobile Payments - From "Why Mobile Payments" to Which One, Consumer "Adopters" are Driving Merchant Acceptance, http://newsroom.mastercard.com/press-releases/13-million-social-media-conversations-show-what-consumers-think-about-mobile-payments/ (Zugriff: 21.05.2014).

Pousttchi, K (2005): Mobile Payment in Deutschland : szenarienübergreifendes Referenzmodell für mobile Bezahlvorgänge, Wiesbaden.

qrpay.com: QR Pay, http://www.qrpay.com/qr-pay (Zugriff: 23.05.014)

Reardon, M. (2014): Google exec reiterates commitment to mobile payments, http://www.cnet.com/news/google-exec-reiterates-commitment-to-mobile-payments/ (Zugriff: 29.05.2014).

Safaricom: Send (Transfer) Money, http://www.safaricom.co.ke/personal/m-pesa/m-pesa-services-tariffs/m-pesa-person-to-person/send-transfer-money (Zugriff: 30.05.2014).

Schulenburg, H. (2008): Die Zukunft des Mobile Commerce : Konzept und Ergebnisse einer Delphi-Studie, Hamburg.

Seer, M. (2012): Starbucks führt Mobile Payment in Deutschland ein, http://t3n.de/news/starbucks-fuhrt-mobile-payment-403285/ (Zugriff: 29.05.2014).

Starbucks: http://www.starbucks.com/coffeehouse/mobile-apps/square-wallet (Zugriff: 29.05.2014).

Welch, C. (2014): Square pulls unsuccessful Square Wallet, tries again with new mobile payments app, http://www.theverge.com/2014/5/12/5709256/square-kills-square-wallet-tries-again-with-square-order (Zugriff: 29.05.2014).

Wilcox, H. (2011): Press Release: Mobile Payments Market to Almost Triple in value by 2015 reaching $670bn, according to new Juniper report, http://www.juniperresearch.com/viewpressrelease.php?pr=250 (Zugriff: 19.05.2014).

Wirtz, B. W. (2001): Electronic Business, 2. Aufl., Wiesbaden

Yankee Group (2011): Yankee Group Sees Global Mobile Transaction Exceeding $1 Trillion by 2015, http://www.yankeegroup.com/about_us/press_releases/2011-06-29.html (Zugriff: 19.05.2014).

BEI GRIN MACHT SICH IHR WISSEN BEZAHLT

- Wir veröffentlichen Ihre Hausarbeit, Bachelor- und Masterarbeit

- Ihr eigenes eBook und Buch - weltweit in allen wichtigen Shops

- Verdienen Sie an jedem Verkauf

Jetzt bei www.GRIN.com hochladen und kostenlos publizieren

www.ingramcontent.com/pod-product-compliance
Lightning Source LLC
LaVergne TN
LVHW042311060326
832902LV00009B/1407